Arya Bàhram

Arya Bàhram

Arya Bàhram

# Arya Bàhram

## Nationalsozialistisches Deutschland

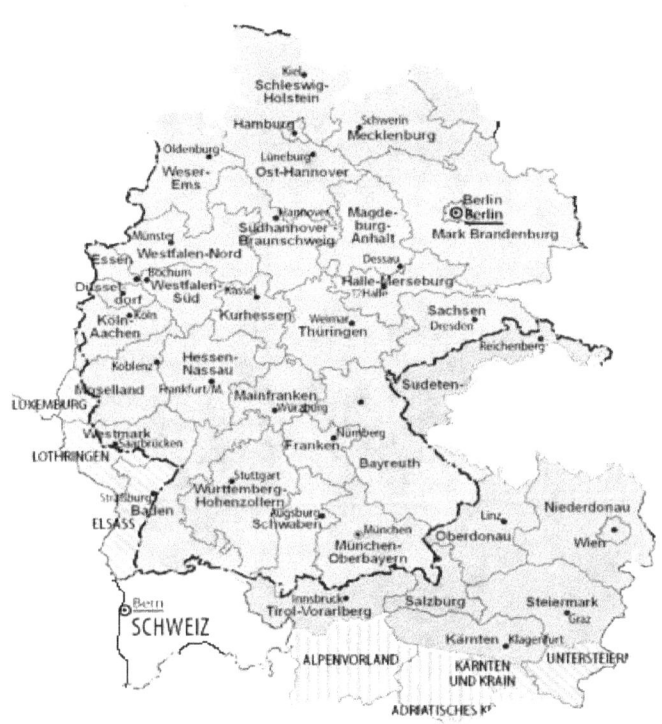

## Ein Versuch, Deutscher Führer Adolf Hitler zu ermorden

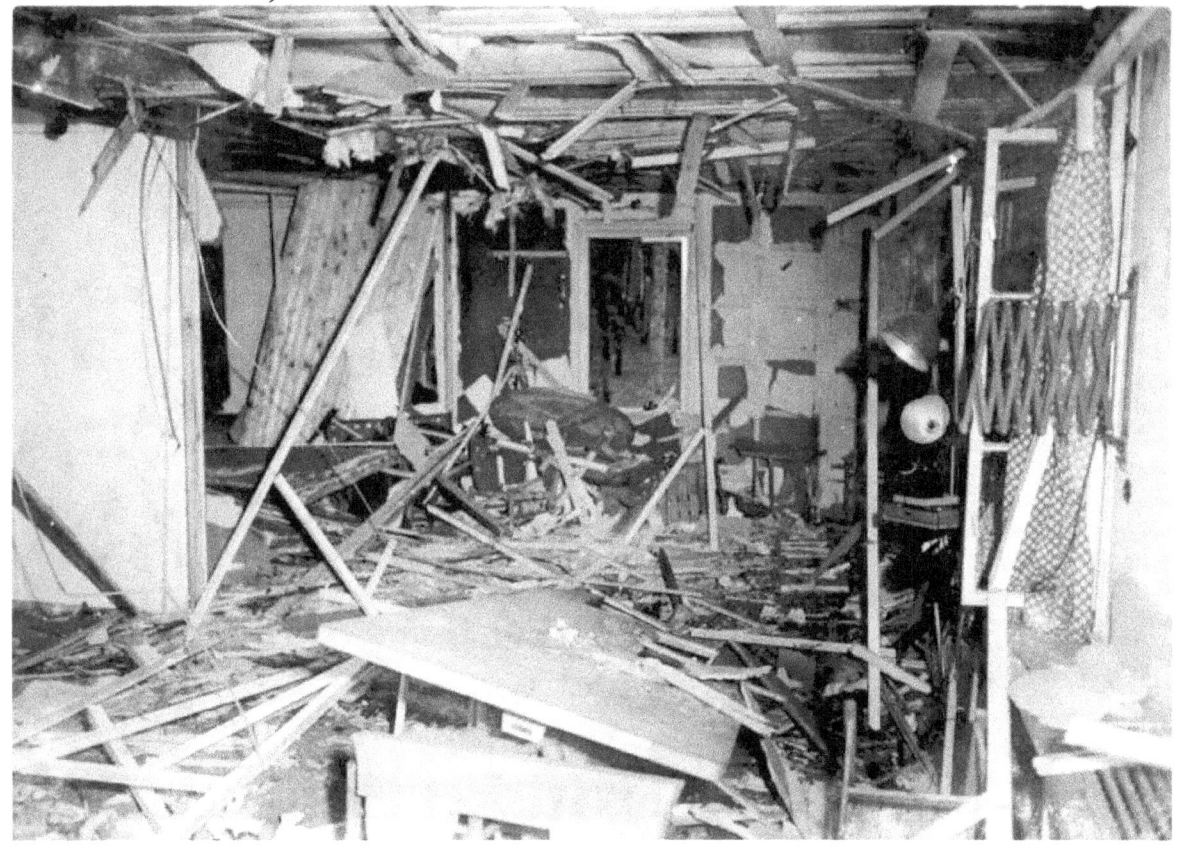

# Arya Bàhram

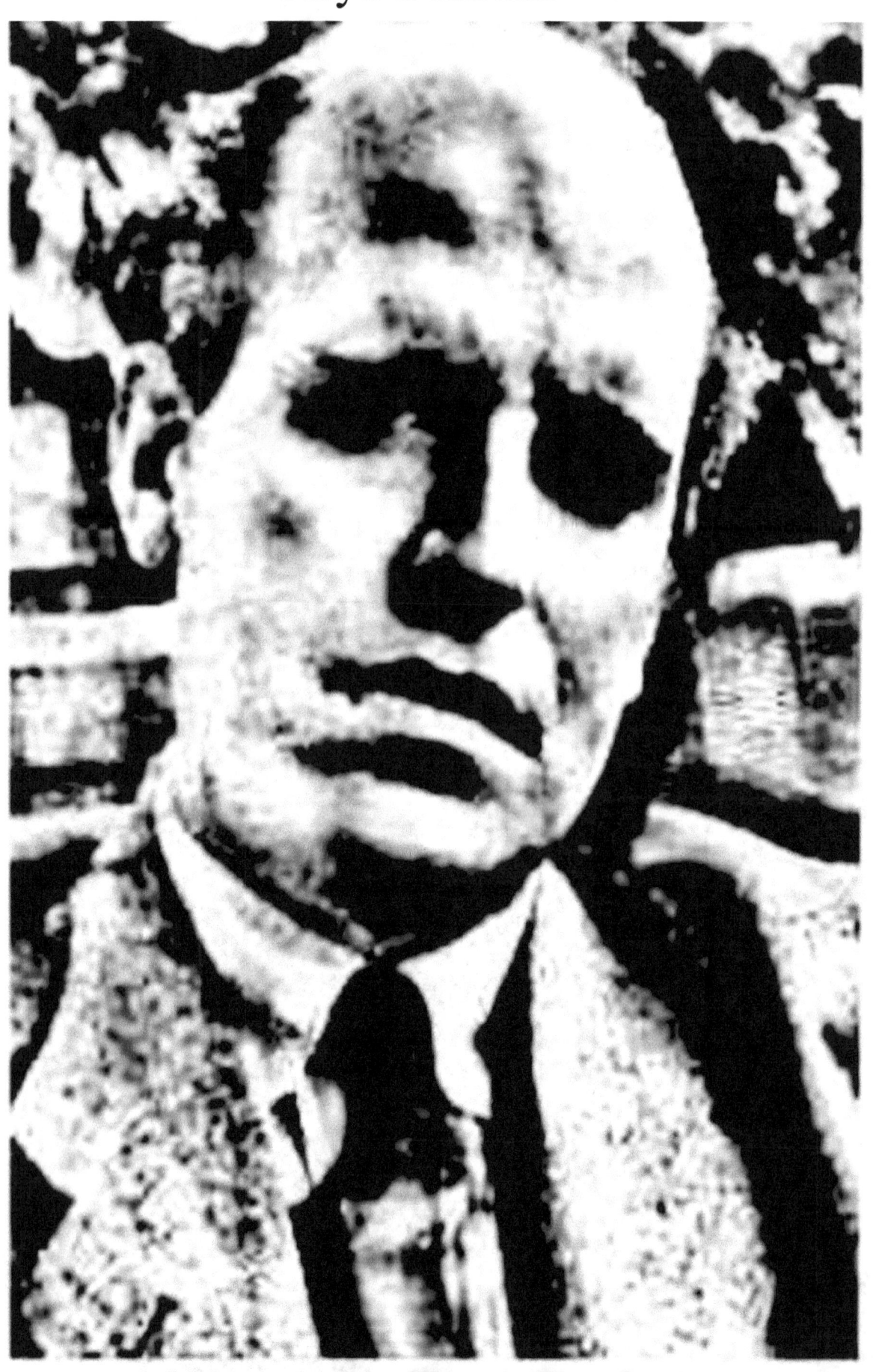

# Adam von Trott Zu Solz

Arya Bàhram

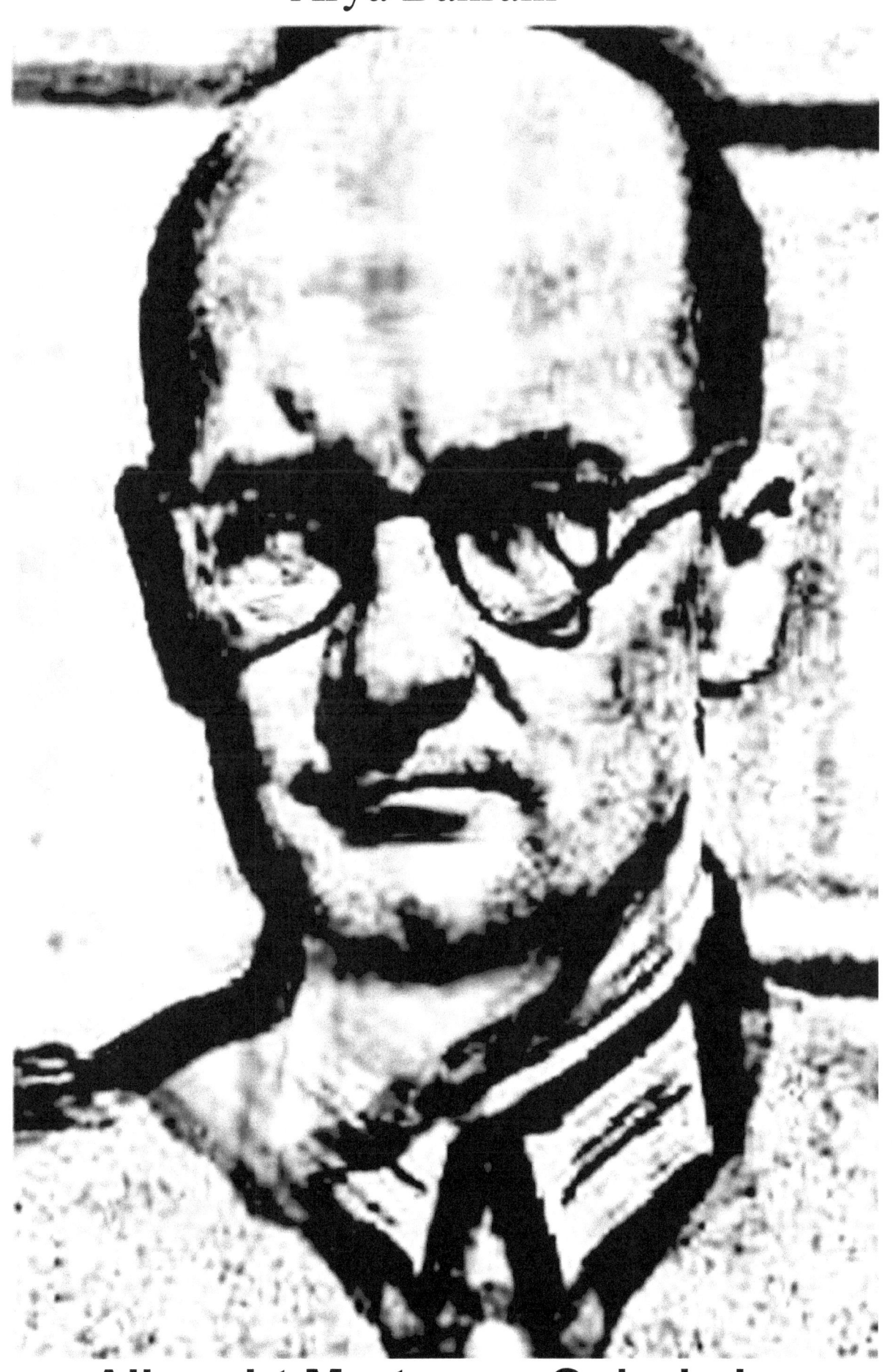

# Albrecht Mertz von Quirnheim

Arya Bàhram

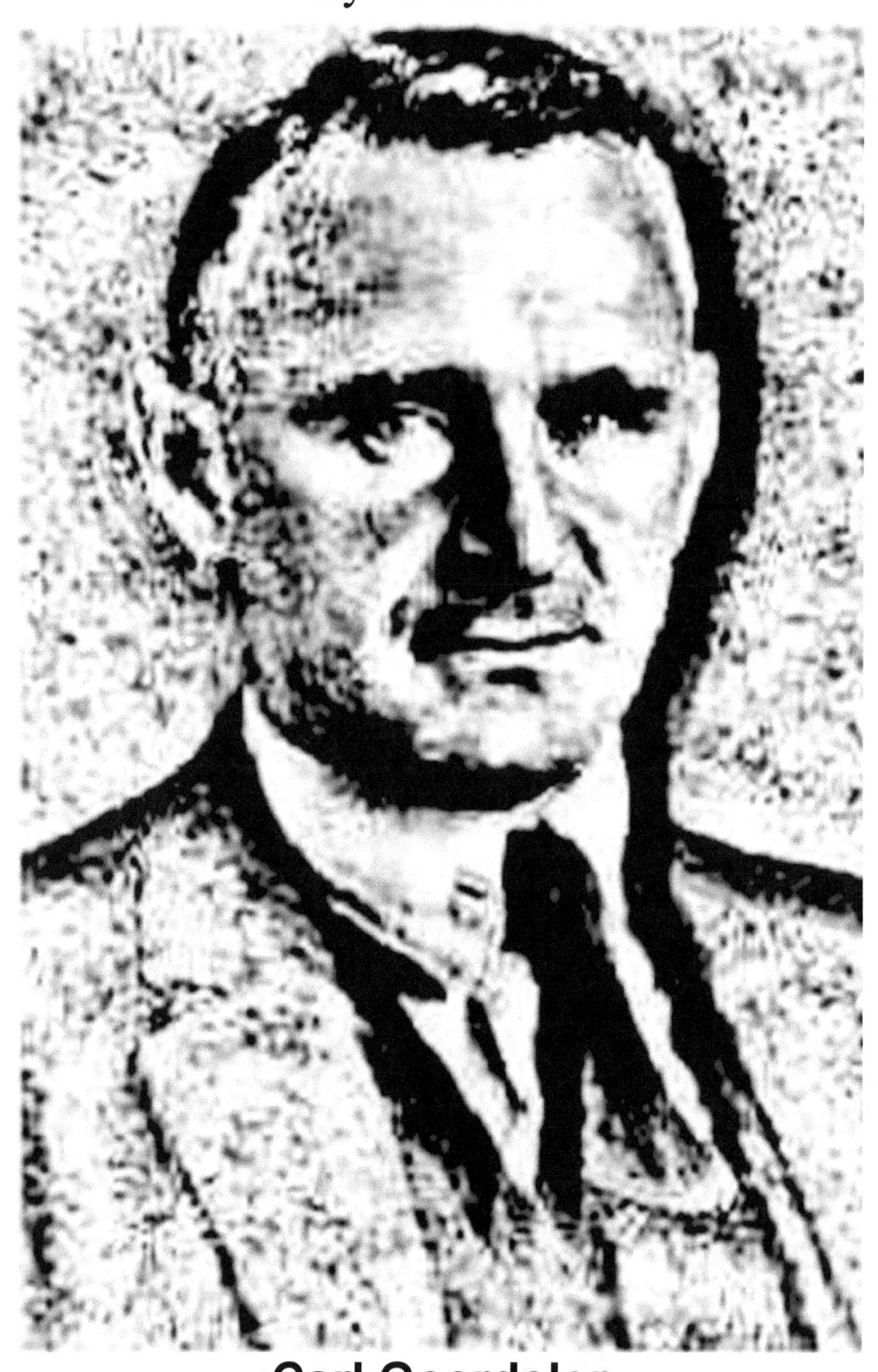

**Carl Goerdeler**

# Arya Bàhram

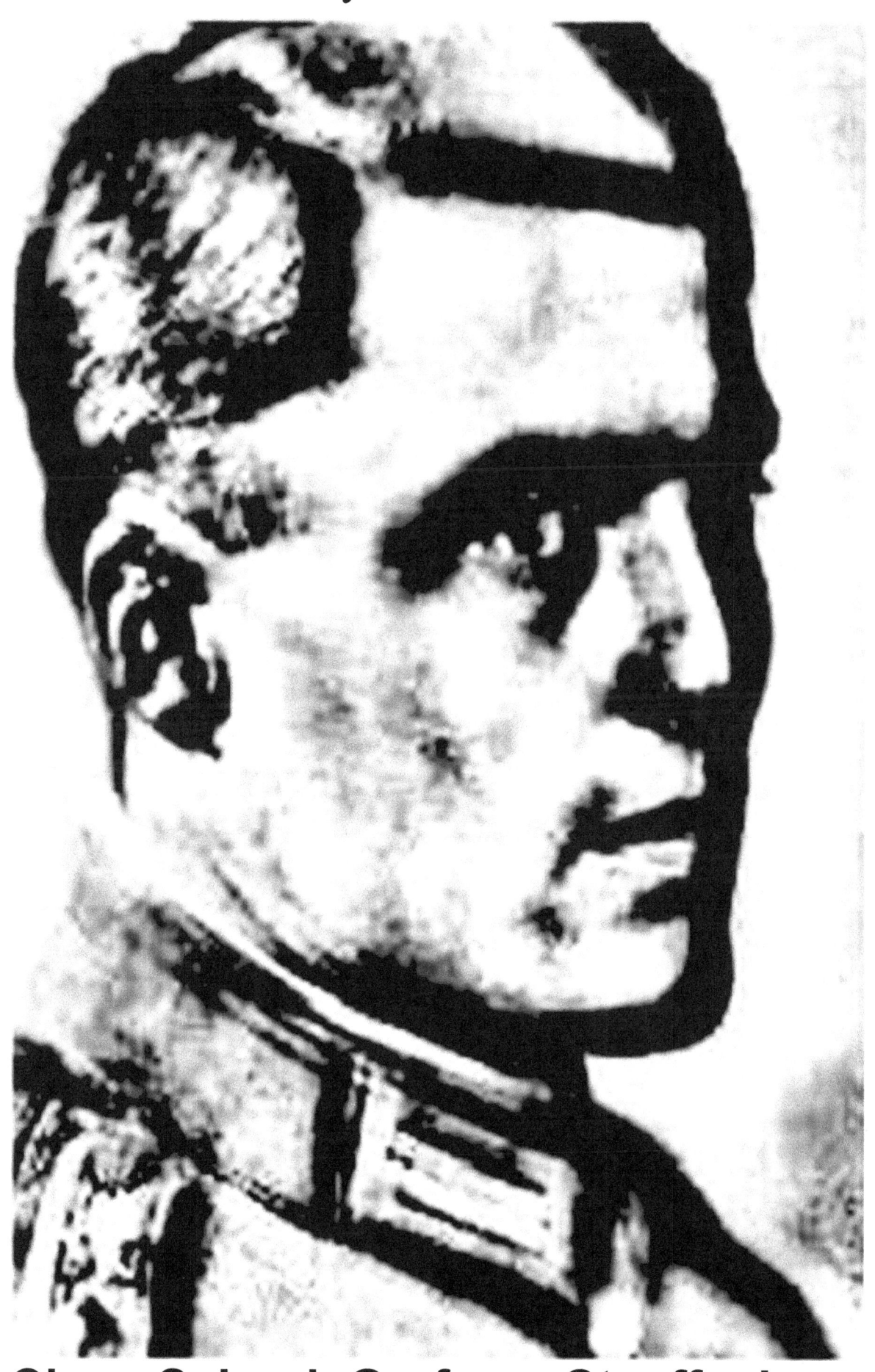

# Claus Schenk Graf von Stauffenberg

Arya Bàhram

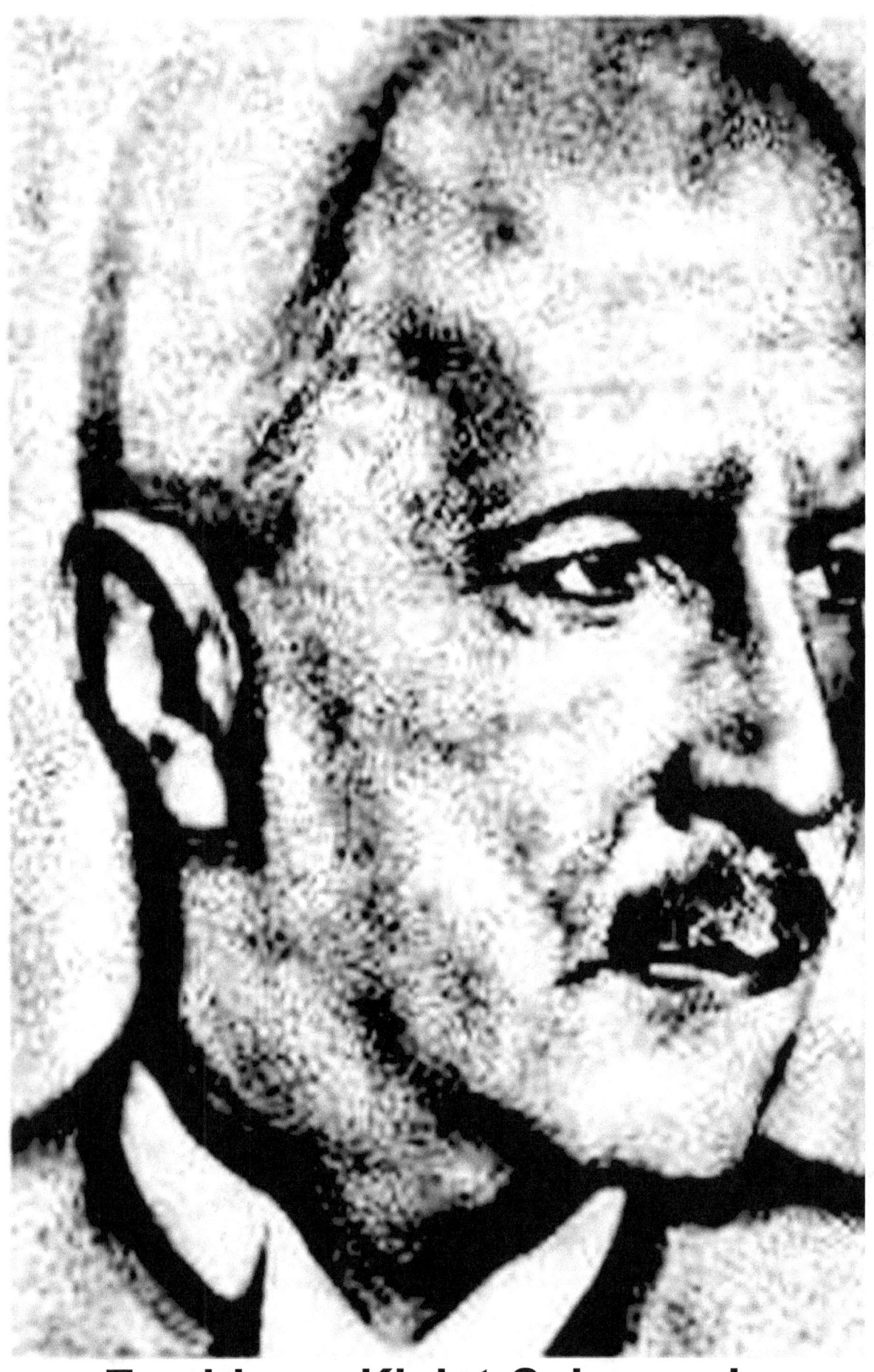

**Ewald von Kleist-Schmenzin**

# Arya Bàhram

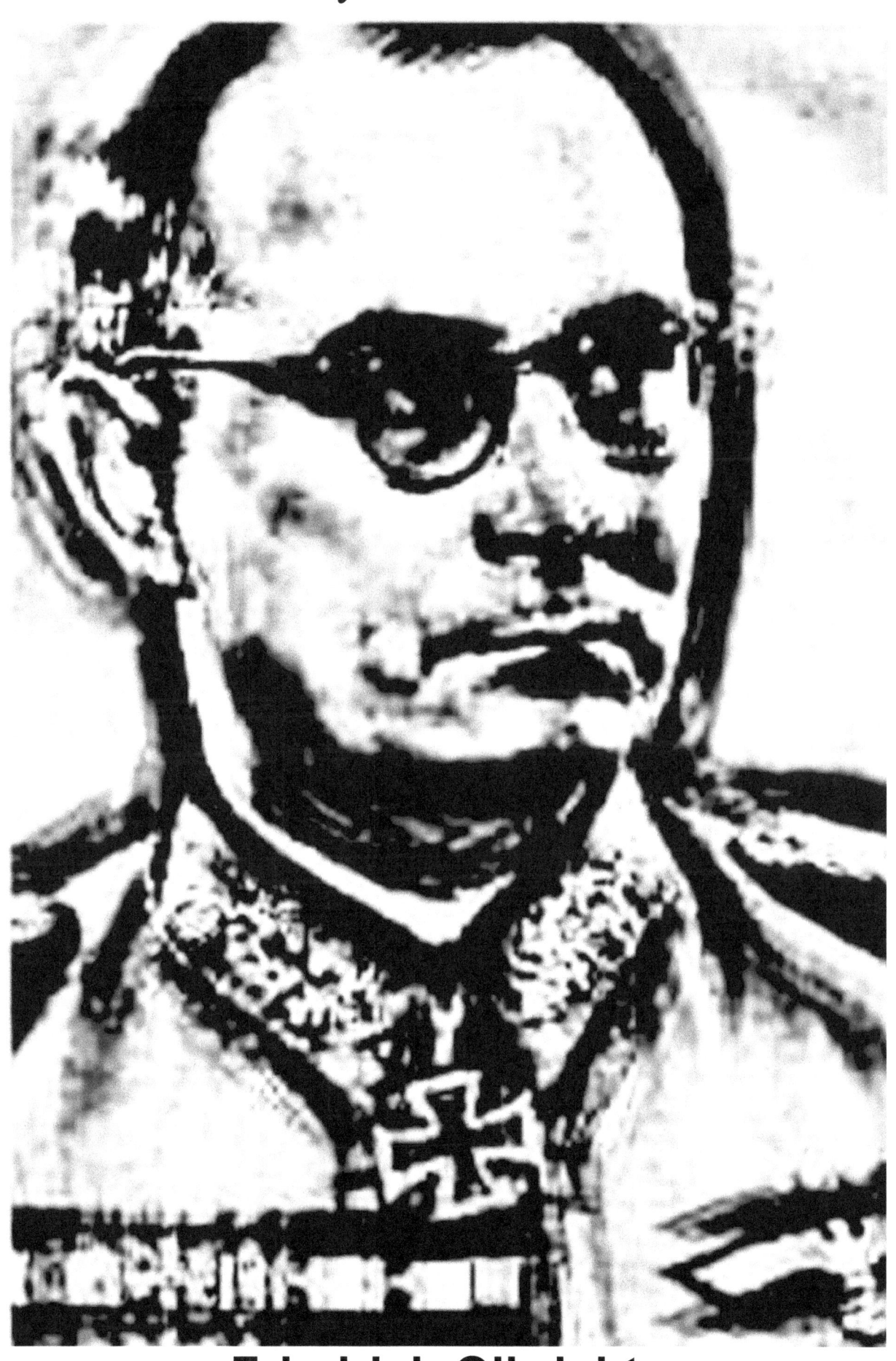

# Friedrich Olbricht

Arya Bàhram

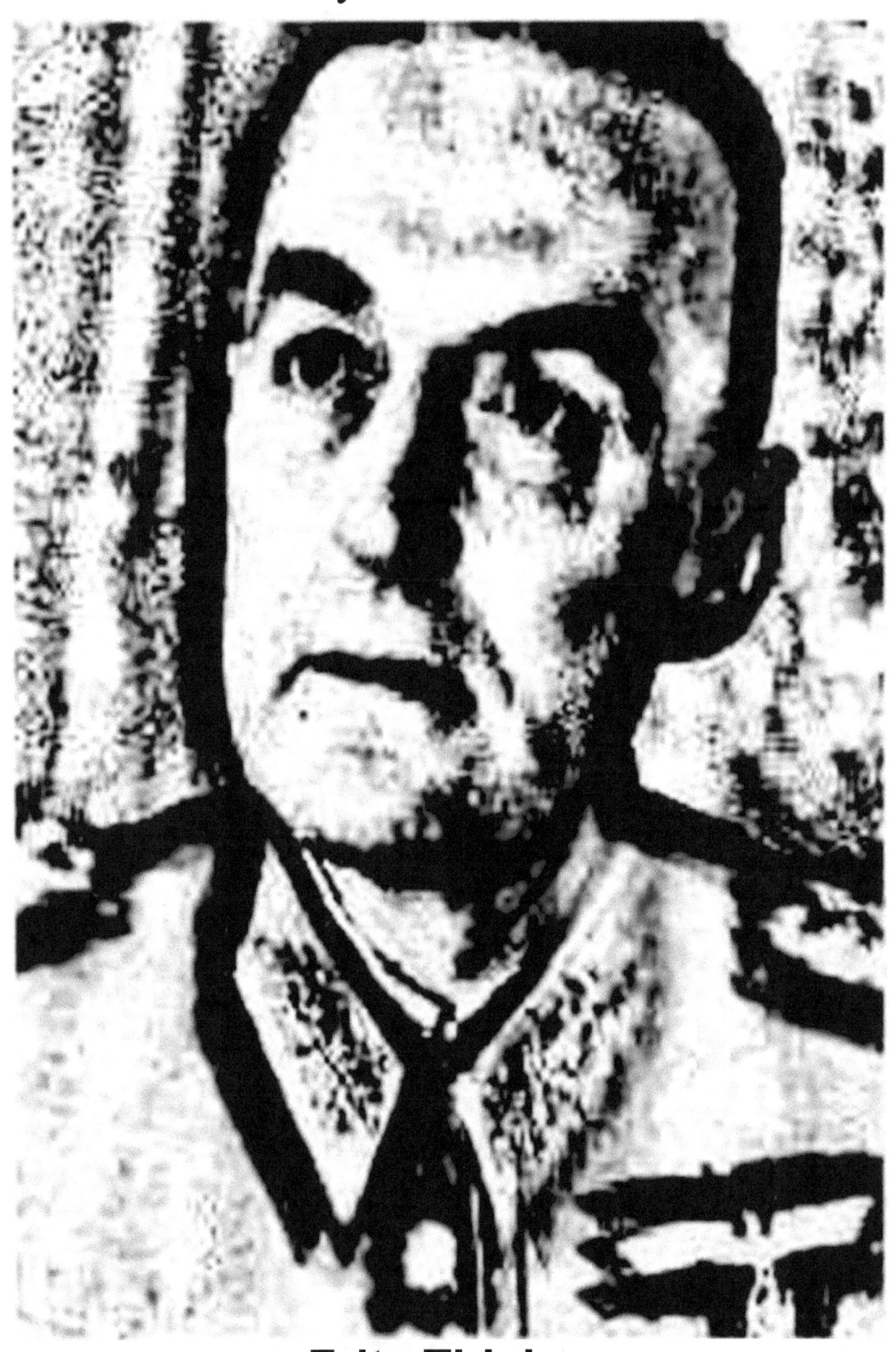

**Fritz Thiele**

Arya Bàhram

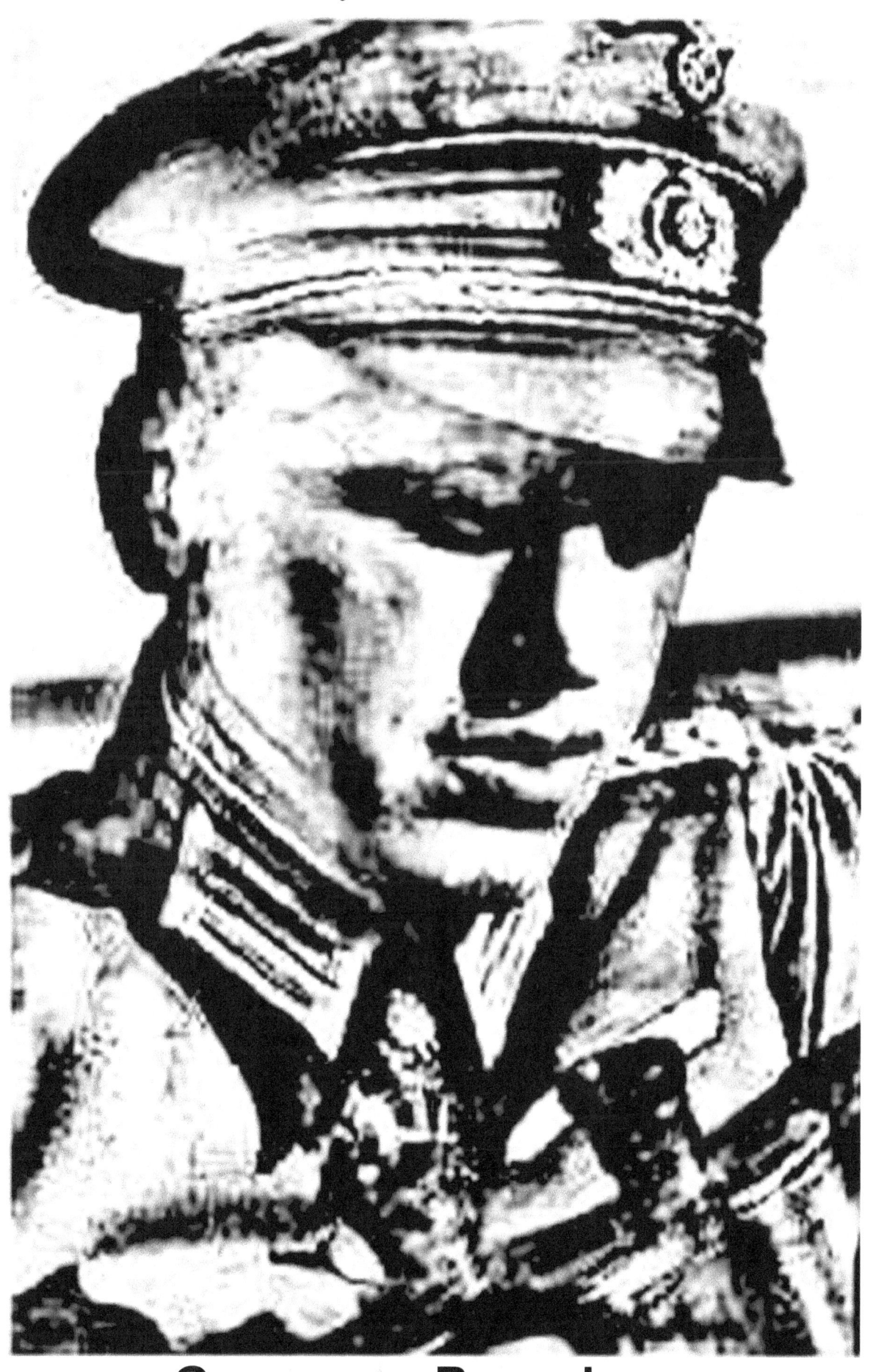

**Georg von Boeselager**

# Arya Bàhram

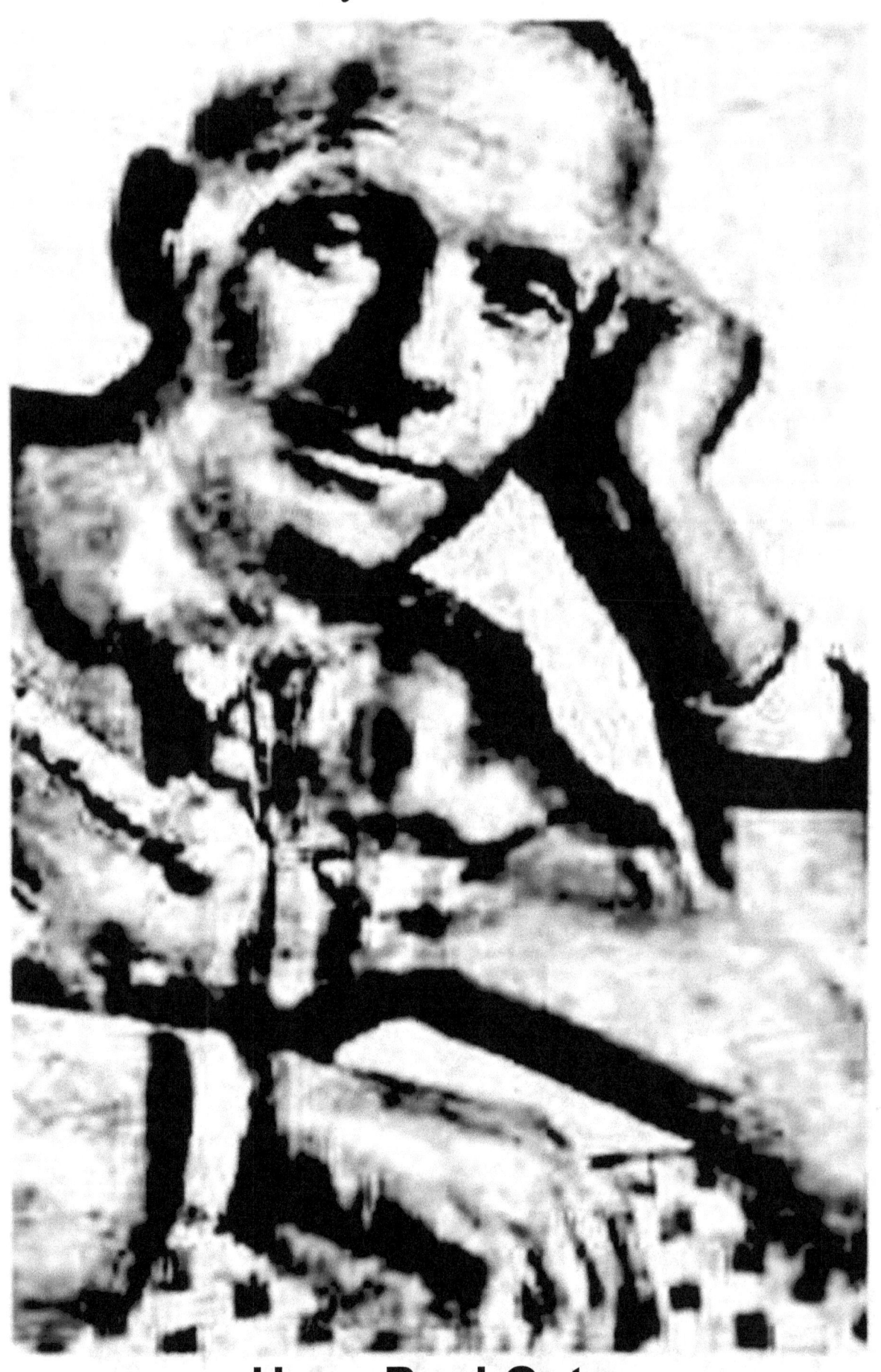

## Hans Paul Oster

Arya Bàhram

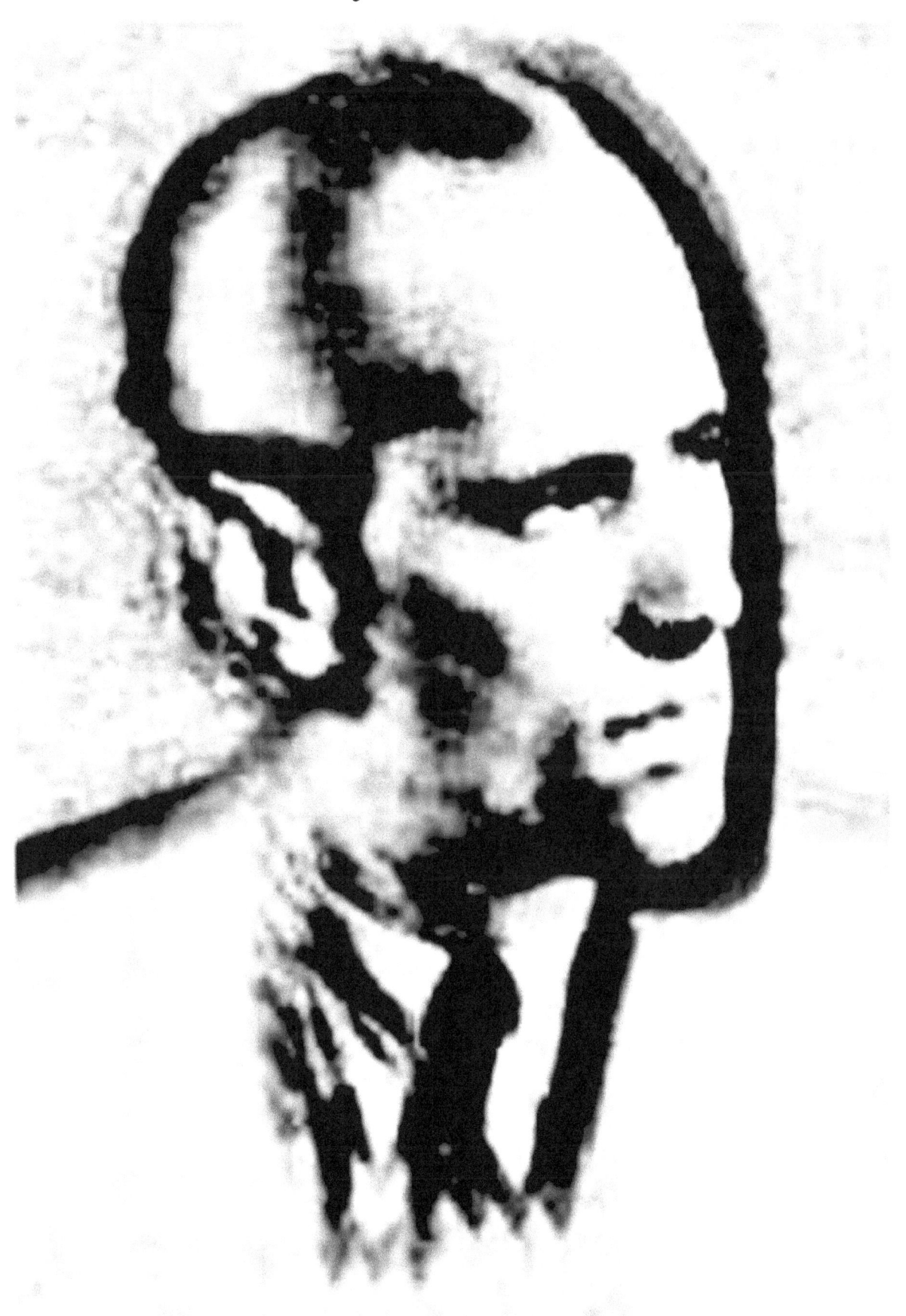

**Helmuth James Graf von Moltke**

Arya Bàhram

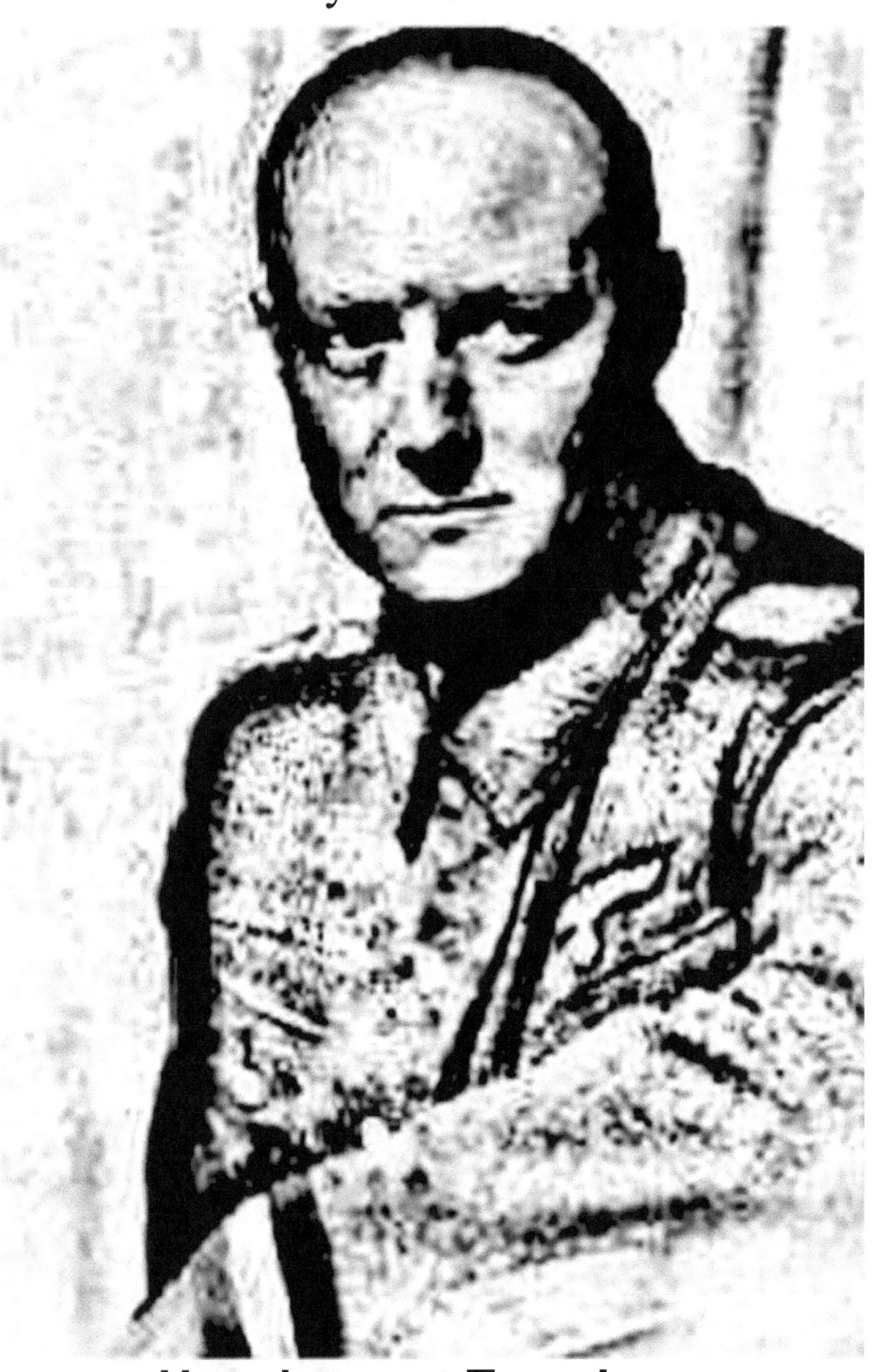

# Henning von Tresckow

Arya Bàhram

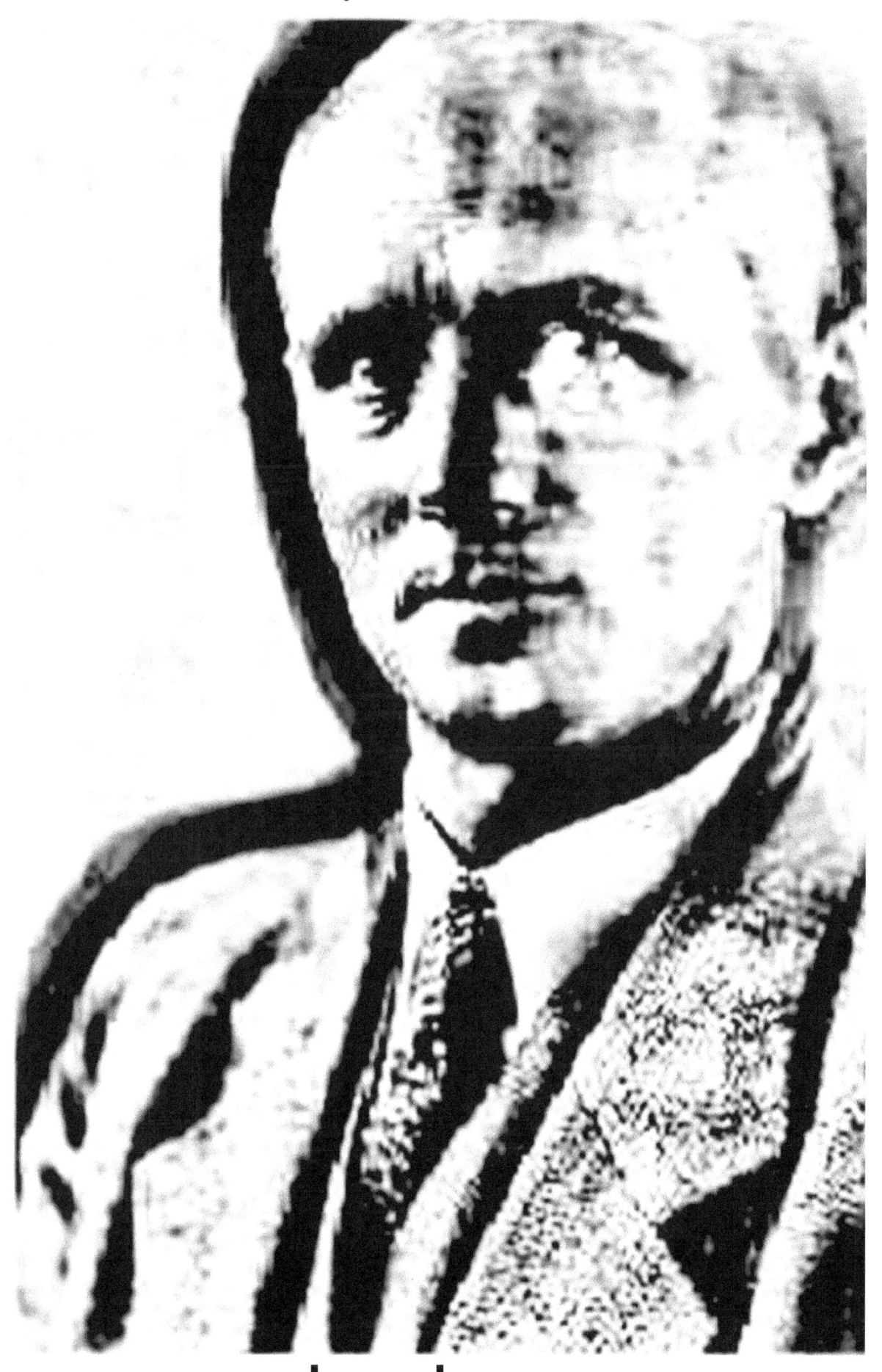

**Jens Jessen**

Arya Bàhram

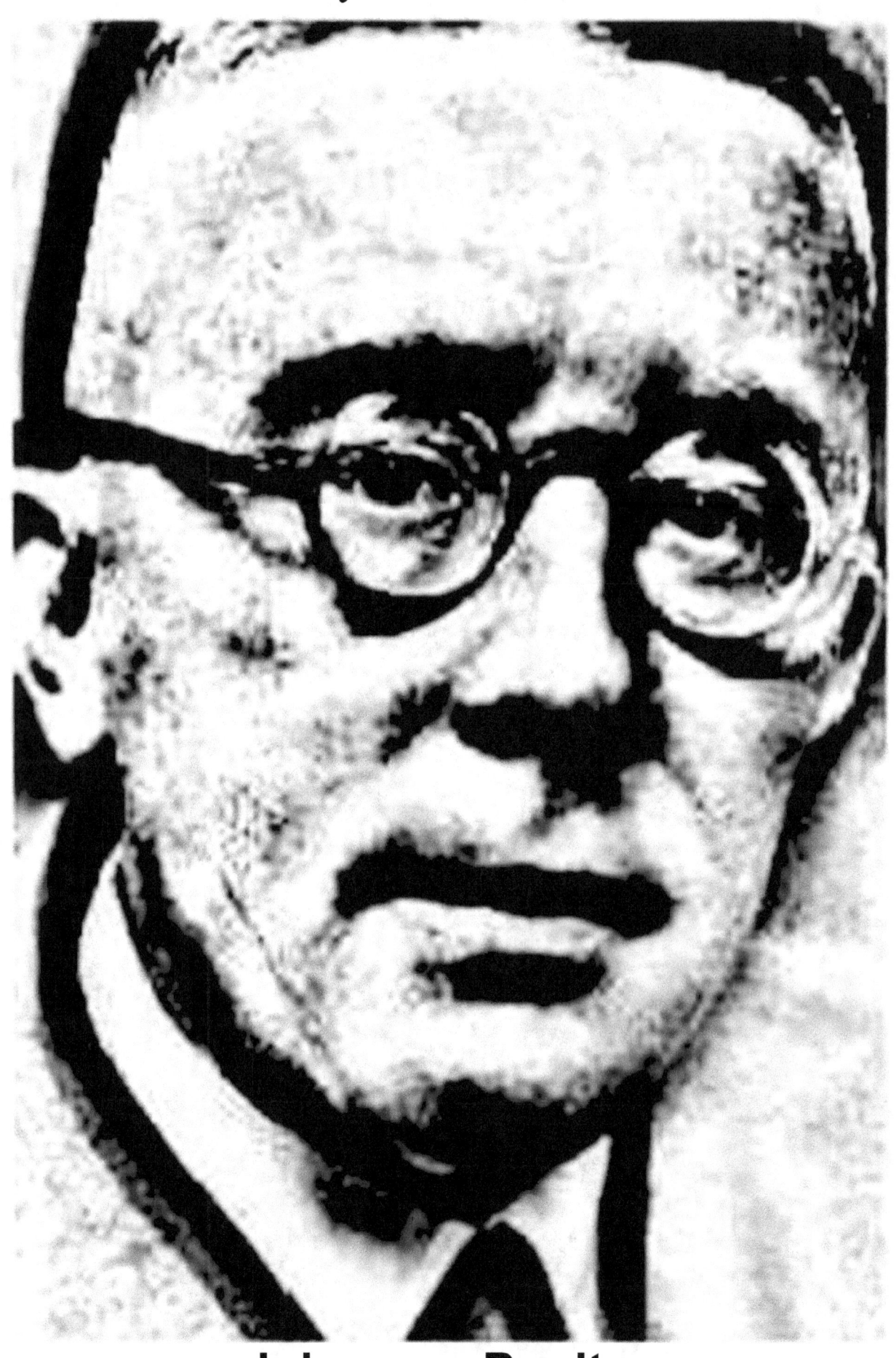

**Johannes Popitz**

Arya Bàhram

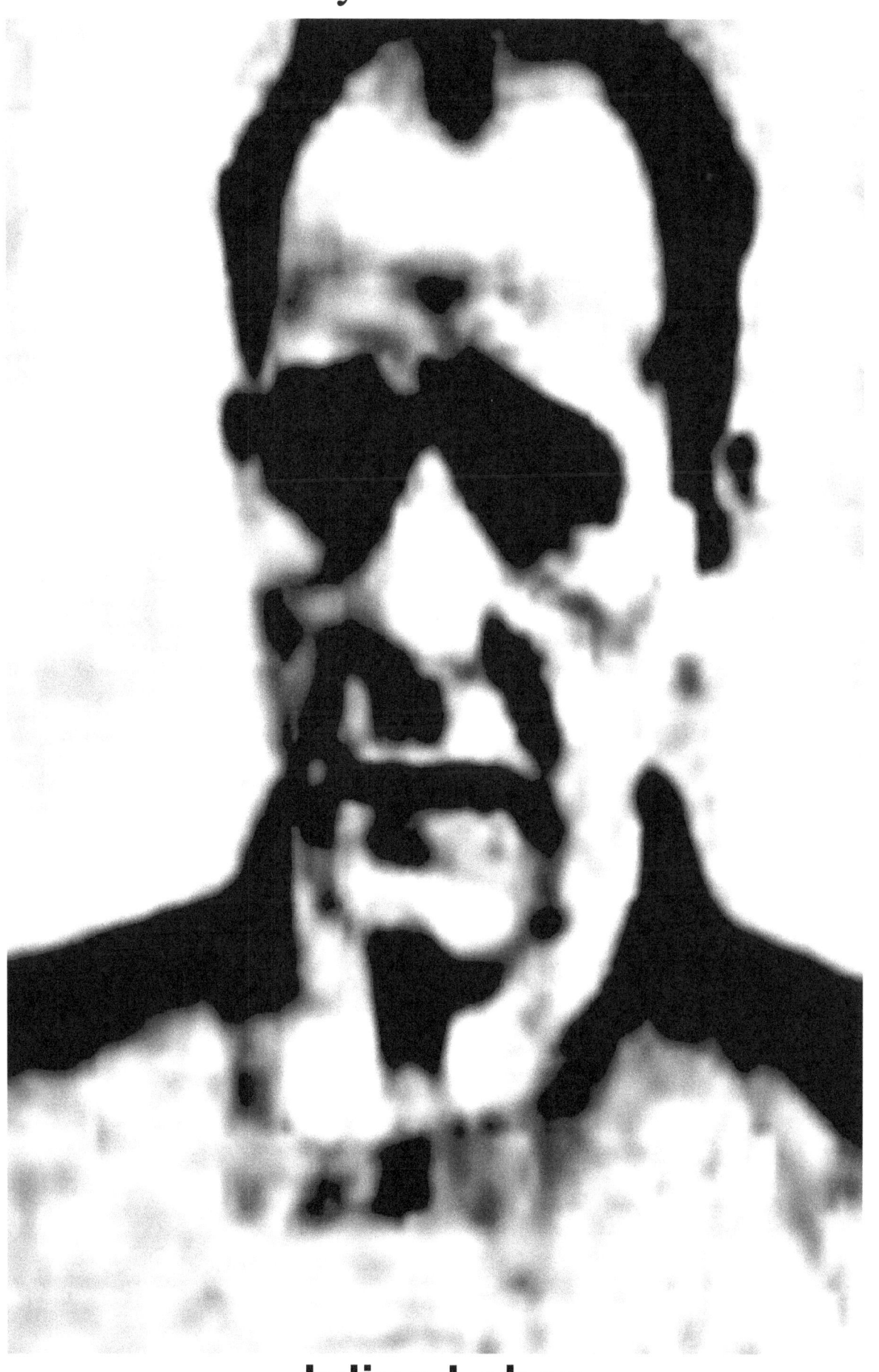

**Julius Leber**

Arya Bàhram

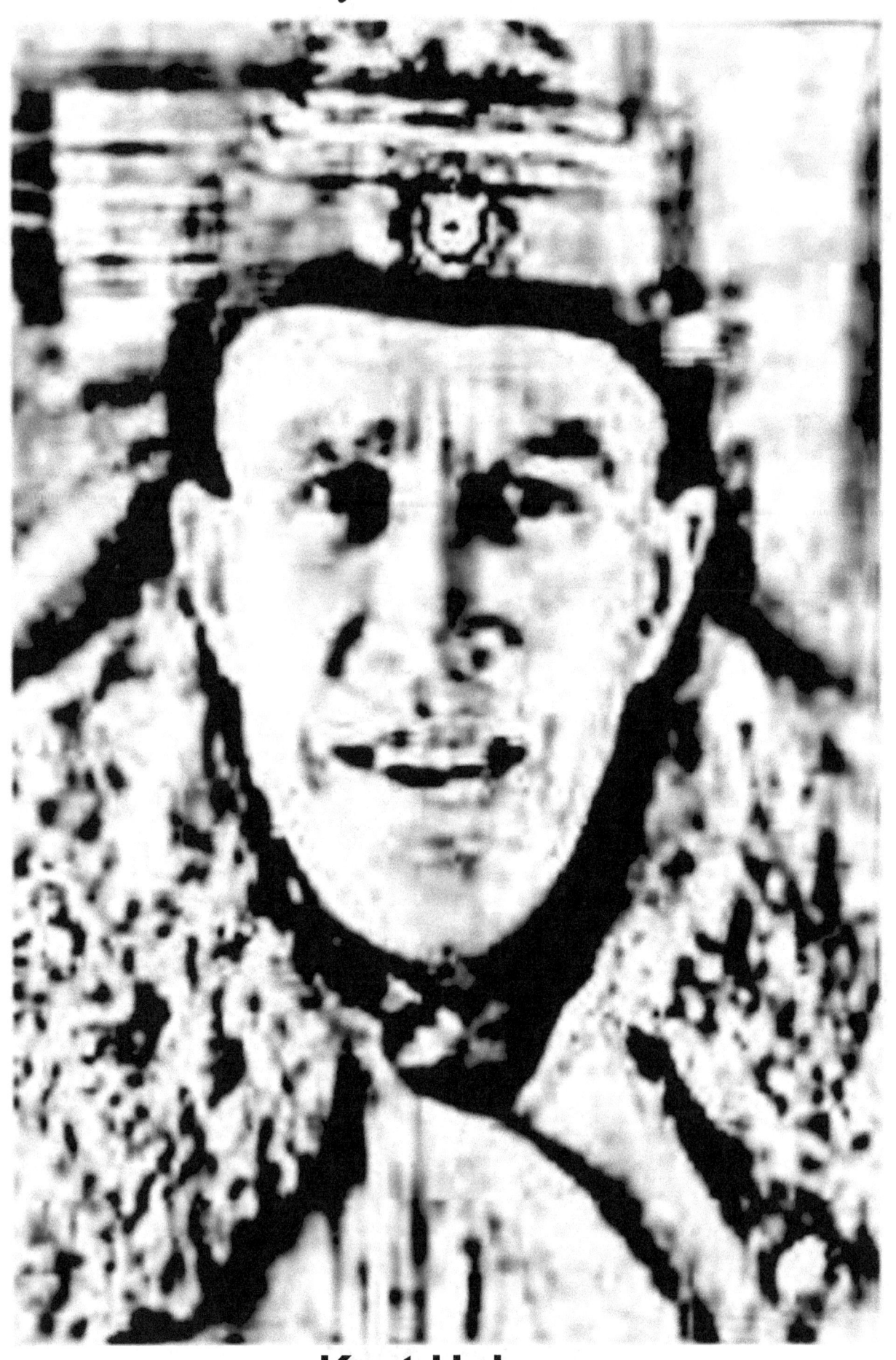

**Kurt Hahn**

Arya Bàhram

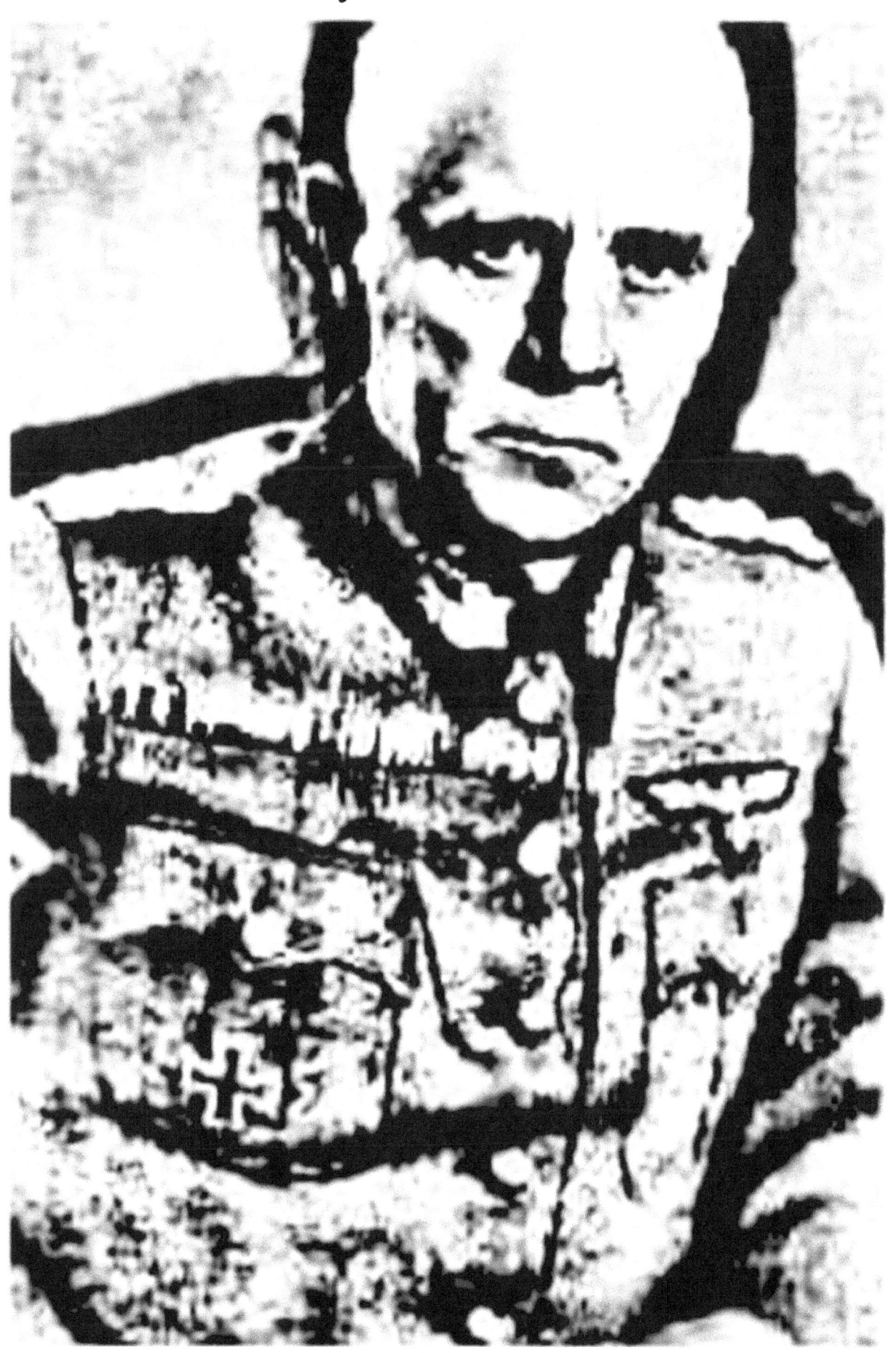

**Ludwig Beckludwig Beck**

Arya Bàhram

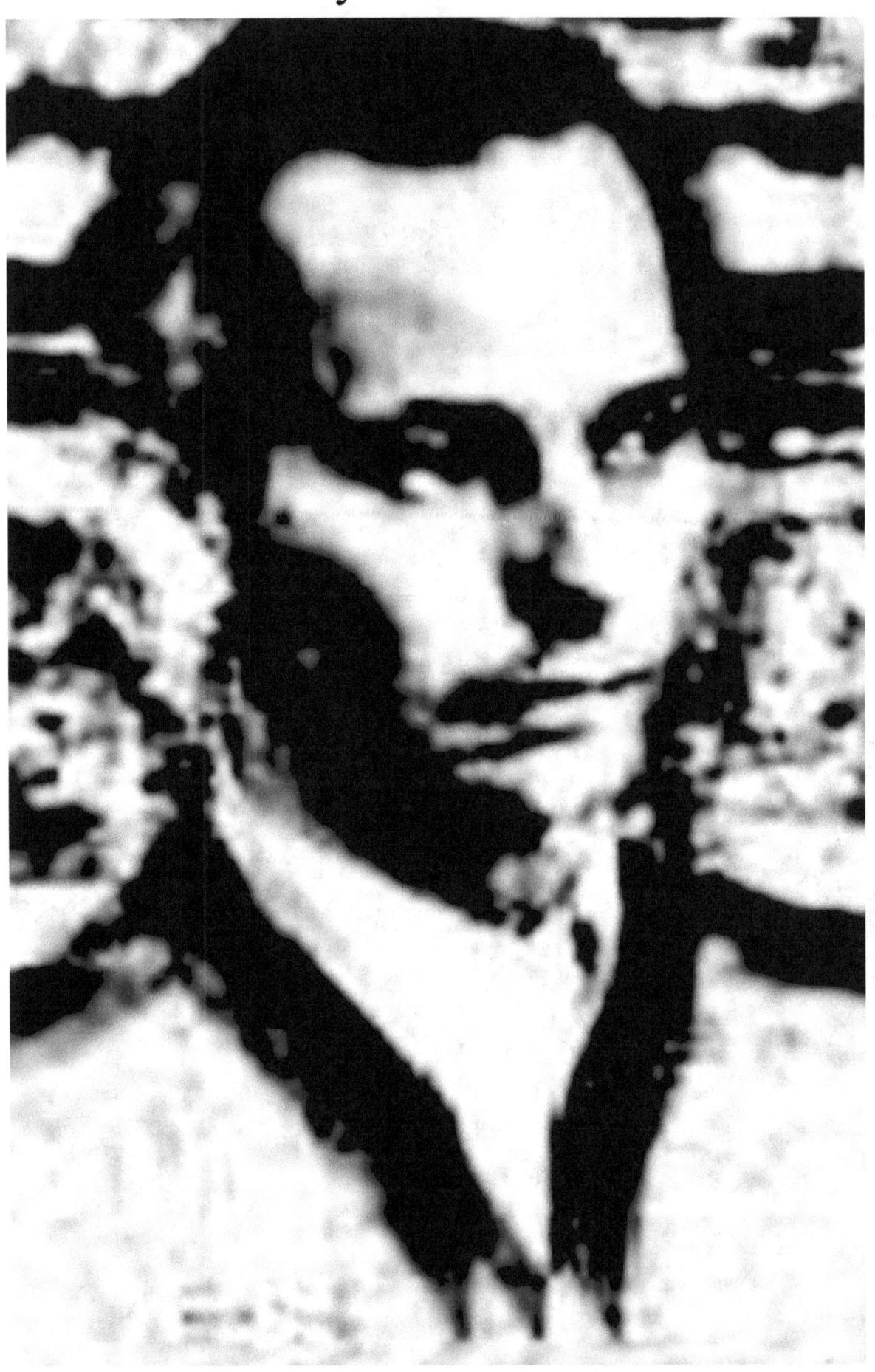

**Peter Graf Yorck von Wartenburg**

Arya Bàhram

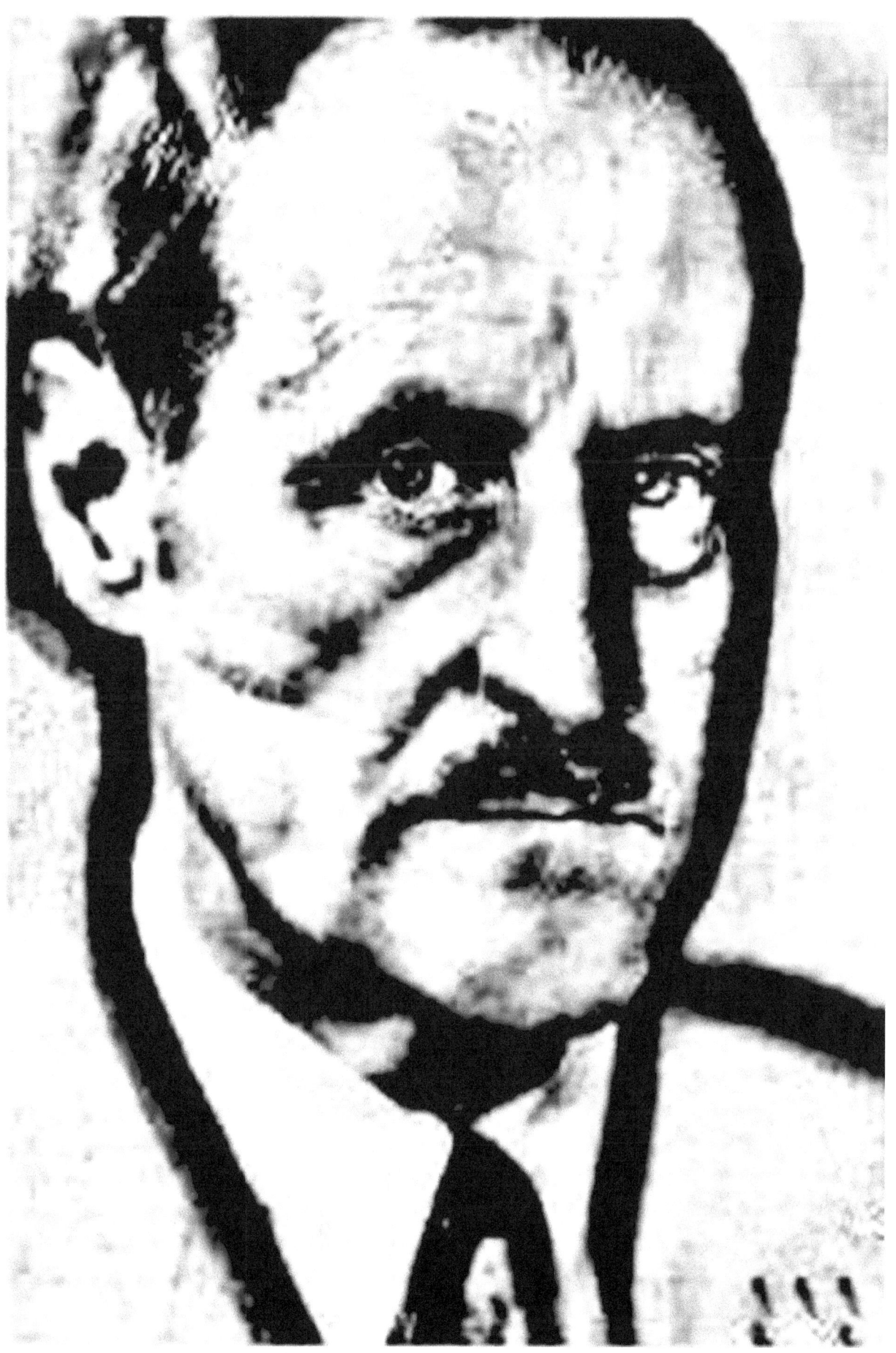

**Ulrich von Hassell**

Arya Bàhram

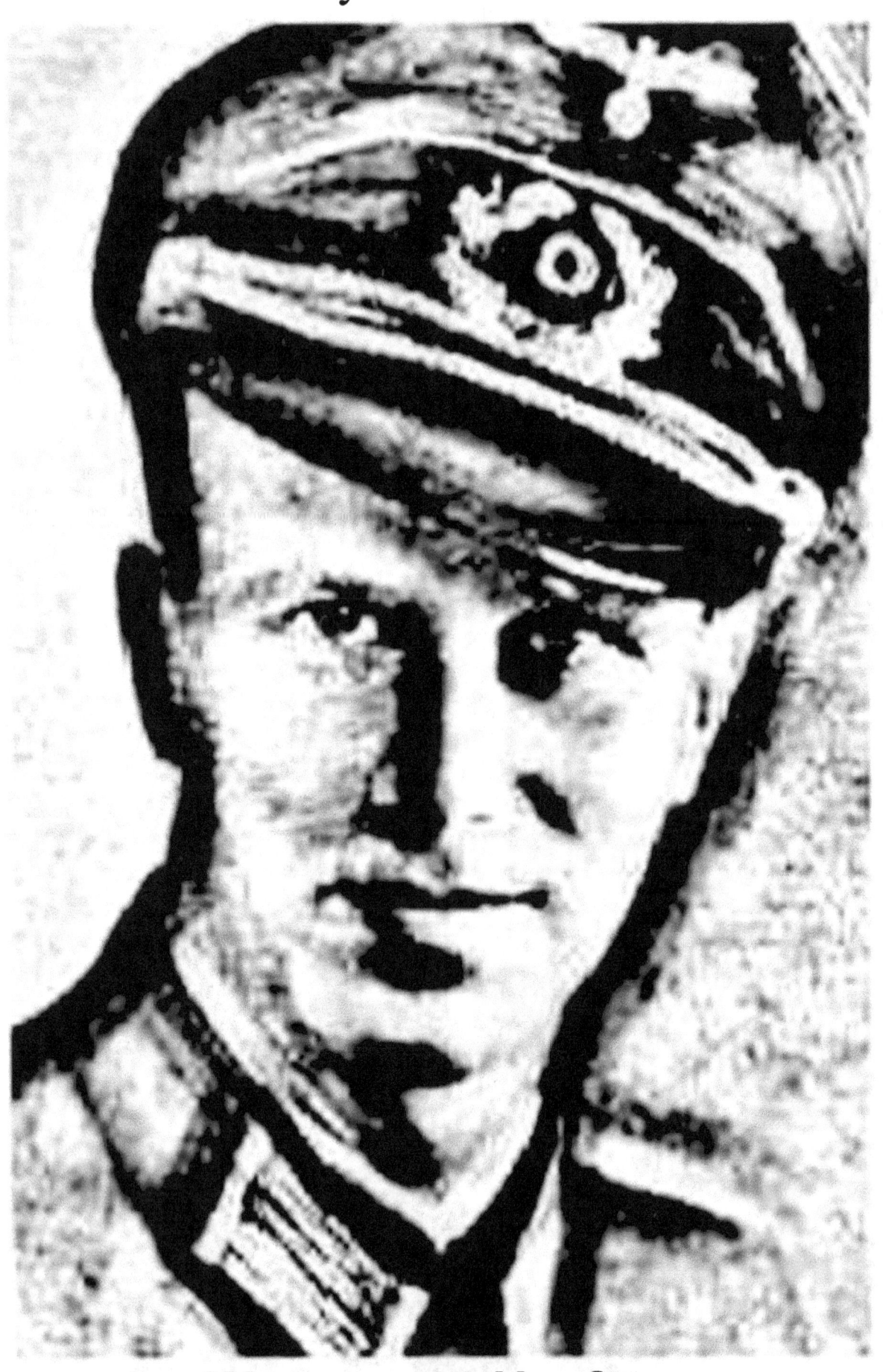

**Werner von Haeften**

Arya Bàhram

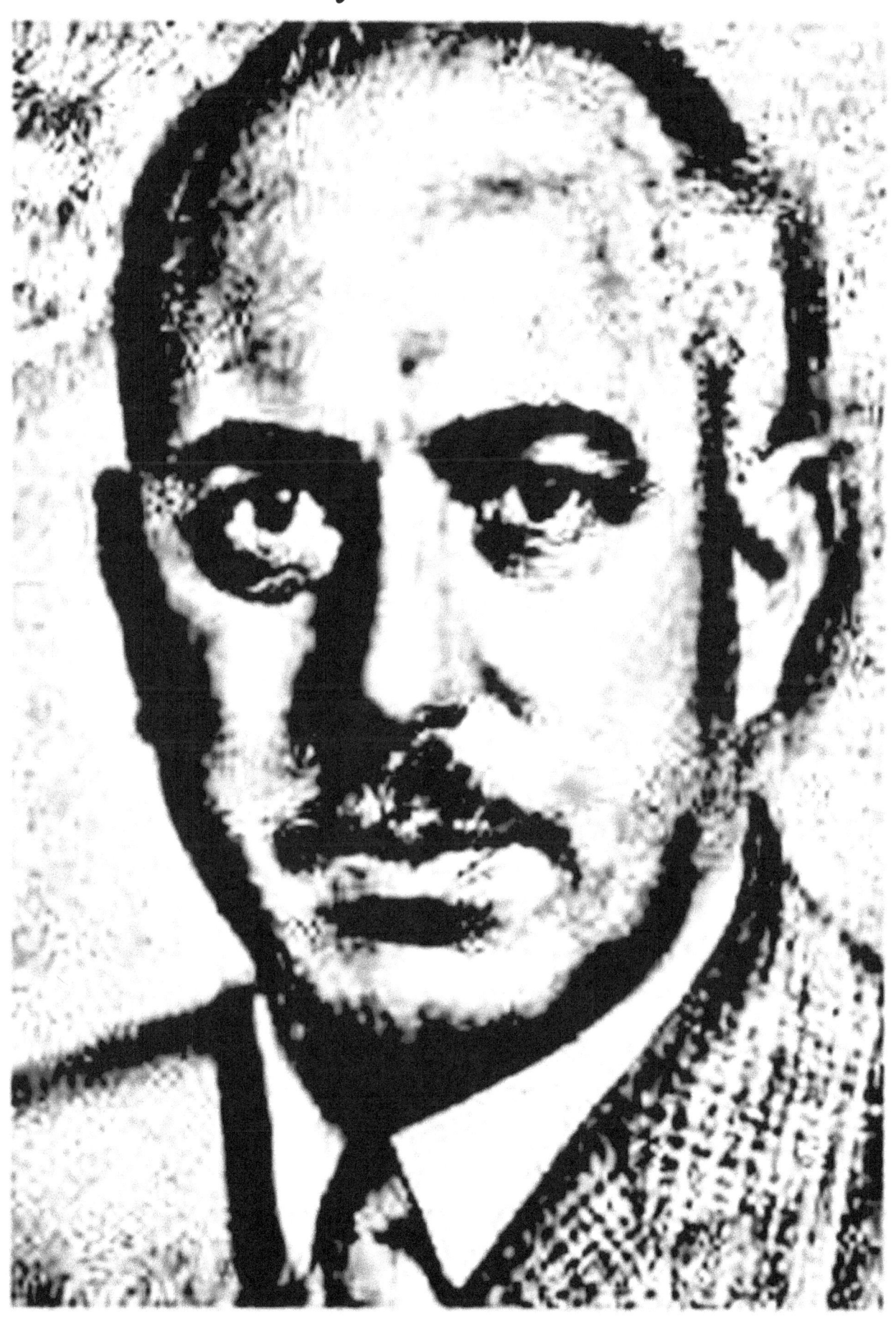

**Wilhelm Leuschner**

Arya Bàhram

Arya Bàhram

**Gewalt bringt Gewalt und
dann fliesst das Menschenblut**

**Millionen tote Menschen,
miliarden Wirtschaftlichen schaden,
grosser kultureller Graben zwischen
Menschen,
Jahrelange Diktatur in ost und west Europa
, sind die Ergebnisse eines falsch
verstandenen Nationalismus , liebe zu
Heimat**

**Wir und die nächsten Generationen
vergessen nicht**

**Es scheint so, dass die Arroganz ,
Überheblichkeit , Dummheit , kulturelle
Perversion unter dem namen Toleranz und
Freiheit in Europa, nicht zu überwinden ist.**

**Sie lernen nicht.**

Ich bin ein Geschichtkünstler
Die jenige die Geschichte nicht kennen, werden auch meine Kunst
nicht richtig verstehen.

Arya Bàhram

# Arya Bàhram

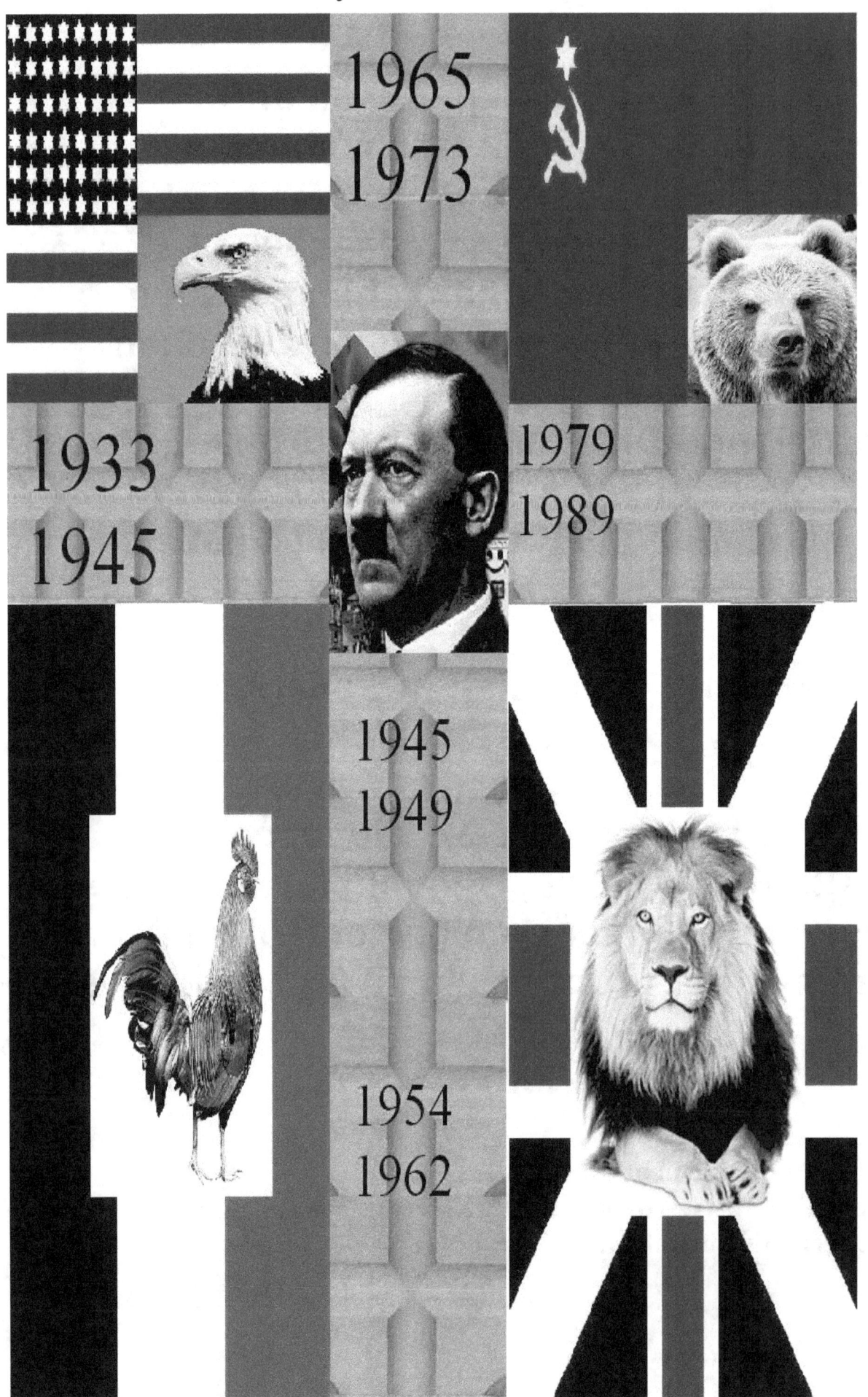

Arya Bàhram

Arya Bàhram

www.ingramcontent.com/pod-product-compliance
Lightning Source LLC
Chambersburg PA
CBHW081319180526
45170CB00007B/2768